SCHLEMMEREIEN AUS 1001 NACHT

Peter Bührer

SCHLEMMEREIEN AUS 1001 NACHT

Die feine orientalische Küche

AT Verlag

In Zusammenarbeit mit Möbel Pfister

AT Verlag Aarau/Schweiz
Fotografie: Zuzana Trnka
Layout: Iris Teuber DTP Grafik, Zürich
Lithos und Druck: Grafische Betriebe
Aargauer Tagblatt AG, Aarau
Bindearbeiten: Buchbinderei Eibert, Eschenbach
Printed in Switzerland

ISBN 3-85502-514-2

INHALT

Sämtliche Rezepte sind für 4 Personen berechnet.

V O R W O R T

Die Küche Arabiens – Zauberwelt voll Gaumenfreuden

Die arabische Küche ist so geheimnisvoll wie die Märchen aus «Tausendundeiner Nacht». Ein Abstecher in dieses kulinarische Neuland verspricht verführerische, fremde, auf jeden Fall verheissungsvolle Genüsse. Mit dem vorliegenden Buch führt Peter Bührer auf eine spannende Entdeckungsreise zu den Düften und Aromen des Maghreb, des Nahen und Mittleren Ostens, Afghanistans und Persiens. Unabhängig von ihrer geographischen Lage, ihrer kulturellen und politischen Struktur prägt der Glaube als gemeinsames Fundament dieser Regionen auch ihre Essgewohnheiten. Im Koran, dem Heiligen Buch der mohammedanischen Glaubensgemeinschaft, verkündet der Prophet Mohammed: «O Gläubige! Geniesst von dem Guten, das wir euch zur Nahrung geben, und dankt Allah dafür, wenn ihr ihn verehrt. Euch ist nur verboten: Das, was verendet ist, und Blut und Schweinefleisch und was nicht im Namen Allahs geschlachtet ist.» Zum Verzicht auf Schweinefleisch und den Verzehr geschächteten Fleisches angehalten, waren die als Nomaden in den Wüsten lebenden Araber an karg gedeckte Tafeln gewöhnt. Sie ernährten sich von dem, was die Herde hergab oder was mitgeführt werden konnte. Als wichtigste Bestandteile ihrer Nahrung galten neben Lammfleisch getrocknetes Obst, Hülsenfrüchte und Fladenbrot. Mit dem Vordringen der Nomaden in fruchtbarere Gegenden erfuhr der Speisezettel eine willkommene Erweiterung um mancherlei Früchte und vor allem Gemüse. Früh bürgerten sich in der orientalischen Küche auch die verschiedensten Gewürze ein, deren Handel lange von den Karawanen der Araber kontrolliert wurde. Noch heute sind die für den westlichen Geschmack oft sehr kräftigen Gewürze die «Seele der orientalischen Küche». Von Couscous, der traditionellen Spezialität der ganzen Region, bis zur Mezze, der reichhaltigen orientalischen Vorspeisenplatte, werden alle Mahlzeiten grosszügig mit Kreuzkümmel, Koriander, Kardamom, Pfeffer, Safran, Muskat, Zimt, Ingwer und Anis gewürzt. Peter Bührer versteht es bestens, die Leserin, den Leser in die Geheimnisse der arabischen Küchengewürze einzuführen. Er zeigt auch, wie viele orientalische Gerichte ihren typischen Geschmack erst durch die Zugabe von Olivenöl und Knoblauch, Nüssen, Sesam, Pinienkernen, Pfefferminze, Petersilie und Limonen erhalten. Mit Hilfe der in diesem Buch zusammengestellten Rezepte lassen sich auf unkomplizierte Art und Weise ein nordafrikanisches Couscous, gefüllte Weintraubenblätter aus dem Libanon, die ursprünglich ägyptischen, heute aber überall im Vorderen Orient beliebten Falafel oder der in vielen arabischen Ländern präsente Hibiskusblütentee in Form eines feinen Mousse auf den heimischen Tisch zaubern. Gleichsam als «Sesam öffne dich» zu den Gaumenfreuden Arabiens lässt dieses Buch ein echtes Stück Orient, den Hauch eines arabischen Bazars – vielleicht verbunden mit zauberhaften Ferienerinnerungen – in unseren Breitengraden aufleben.

VORSPEISEN

Burgulsalat mit Tomaten

100 g Burgul (Weizenschrot)
1 Zitrone, Saft
4 Blatt Pfefferminze, fein gehackt
2 Zweige Petersilie, fein gehackt
3 EL Olivenöl
3 Fleischtomaten
1 rote Peperoni (Paprika)
1 kleine Salatgurke
Salz, schwarzer Pfeffer
1 kleiner Kopf Eisbergsalat

Den Burgul unter fliessendem kaltem Wasser gut durchspülen, in leicht gesalzenem Wasser weich kochen, abgiessen, abtropfen lassen und in eine Schüssel geben. Den Zitronensaft, die Pfefferminze, die Petersilie und das Olivenöl beigeben. Die Tomaten oben kreuzweise einschneiden und für 15 Sekunden in kochendes Wasser tauchen. Herausheben und abschrecken, schälen, halbieren und die Kerne entfernen. Das Tomatenfleisch in Würfelchen schneiden und zum Burgul geben. Die Peperoni halbieren, die Kerne entfernen und das Fleisch in Streifen schneiden. Ebenfalls zum Burgul geben, mischen und den Salat mit Salz und schwarzem Pfeffer würzen.
Den Eisbergsalat in Blätter zerlegen, putzen und auf Tellern auslegen. Den Burgulsalat darauf anrichten und mit glatter Petersilie garnieren.

Gemüsesalat mit Safran

1 kleiner Blumenkohl
2 Kartoffeln
2 Karotten
2 Zucchini
100 g grüne Bohnen
¼ TL Safranpulver
1 kleiner Kopfsalat

Dressing:
2 Limonen, Saft
3 EL Olivenöl
1 Knoblauchzehe, gepresst
Salz, Pfeffer aus der Mühle

Den Blumenkohl in kleine Röschen zerlegen. Die Kartoffeln schälen und in Würfel schneiden. Die Karotten schälen und ebenso wie die Zucchini in Stengelchen schneiden. Die Bohnen putzen und in 3–4 cm lange Stücke schneiden. Wasser auf den Siedepunkt bringen, den Safran beigeben und die Gemüse darin weich kochen. Das Kochwasser abgiessen. Den Kopfsalat in Blätter zerlegen und auf Tellern auslegen, das Gemüse darauf anrichten.
Für das Dressing den Saft der Limonen, das Olivenöl und den Knoblauch vermengen und mit Salz und Pfeffer würzen. Die Gemüse und den Salat mit dem Dressing beträufeln und mit glatter Petersilie garnieren.

Bohnensalat mit Artischocken

500 g grüne Bohnen
400 g Artischockenherzen, gekocht
2 Tomaten
2 Granatäpfel, ausgelöste Kerne
3 Knoblauchzehen, gepresst
8 grüne Oliven, entsteint
8 schwarze Oliven, entsteint
5 Blatt Pfefferminze, grob gehackt
5 Blatt Koriander, grob gehackt
3 Limonen, Saft
3 EL Olivenöl
Salz, Pfeffer aus der Mühle
1 kleiner Kopf Lattich oder Eisbergsalat

Die Bohnen putzen und falls nötig Fäden ziehen. In 3–4 cm lange Stücke schneiden und in gesalzenem Wasser weich kochen. Abgiessen und kalt abschrecken.
Die Artischockenherzen und die Tomaten vierteln und zusammen mit den Granatapfelkernen und dem Knoblauch zu den Bohnen geben. Die Oliven vierteln und mit den Kräutern vorsichtig unter das Gemüse mischen. Den Limonensaft und das Olivenöl beigeben und mit Salz und Pfeffer aus der Mühle pikant würzen.
Den Salat putzen und auf Tellern auslegen. Den Bohnensalat darauf anrichten und mit glatter Petersilie garnieren.

Orangensalat mit Zwiebeln, Avocado und Radieschen

4 Orangen
1 rote Zwiebel
6 Radieschen
1 Avocado
½ Kopf Friséesalat
2 Limonen, Saft
4 EL Olivenöl
Salz
½ TL grob zerdrückter schwarzer Pfeffer

Die Orangen schälen, die Fruchtfilets auslösen und zur Seite legen. Die Zwiebel schälen und ebenso wie die Radieschen in dünne Streifen schneiden. Die Avocado schälen, halbieren, den Stein entfernen und das Fruchtfleisch in Streifen schneiden. Den Salat putzen, in Zweige zupfen und auf Tellern auslegen.
Die Zwiebel-, Avocado- und Radieschenstreifen zusammen mit dem Saft der Limonen und dem Olivenöl in eine Schüssel geben und mit Salz und Pfeffer würzen. Vorsichtig vermengen und auf dem Friséesalat anrichten. Mit glatter Petersilie garnieren.

Geräucherter Stör mit Sauerrahm

220 g geräucherter Stör,
hauchdünn aufgeschnitten
(im Delikatessen-
geschäft erhältlich)
½ Kopf Friséesalat
4 EL Sauerrahm
50 g Sevruga-Kaviar
1 kleine rote Zwiebel,
in Ringe geschnitten
4 Zweige Dill
2 Limonen, halbiert

Den Salat gut putzen, in kleine Zweige zupfen und auf Tellern auslegen. Die Störtranchen darauf anrichten, den Sauerrahm und den Kaviar dazu arrangieren, mit den Zwiebelringen und einem Zweig Dill garnieren und die Limonenhälften dazulegen.

Gurkensalat mit Käse

2 Salatgurken
½ Stangensellerie
1 Kopf Eisbergsalat
½ Bund glatte Petersilie,
fein gehackt
5 Blatt Pfefferminze,
fein gehackt
2 Tomaten
1 kleine grüne Peperoni (Paprika)
3 Limonen, Saft
3 EL Olivenöl, kaltgepresst
Salz
schwarzer Pfeffer aus der Mühle
50 g Schafkäse (Feta)
8 grüne Oliven, entsteint

Die Salatgurken längs halbieren, die Kerne auskratzen und die Gurken in feine Scheiben schneiden. Den Stangensellerie in feinste Würfelchen schneiden. Den Eisbergsalat putzen, in Streifen schneiden und zusammen mit der Petersilie und der Pfefferminze zu den Gurkenscheiben und Stangenselleriewürfelchen geben.
Die Tomaten oben kreuzweise einschneiden und den Strunk entfernen. Die Tomaten für 15 Sekunden in kochendes Wasser tauchen, kalt abschrecken, schälen, halbieren und die Kerne entfernen. Die Tomaten in Streifen schneiden. Die Peperoni halbieren, entkernen und ebenfalls in Streifen schneiden. Beides zusammen mit dem Saft der Limonen und dem Olivenöl zum Salat geben, gut vermengen und mit Salz und Pfeffer aus der Mühle würzen.
Den Salat auf Tellern anrichten. Den Feta-Käse fein reiben und über den Salat streuen. Mit einigen Oliven und Petersilienblättern garnieren.

Kichererbsen-püree mit Sesam

200 g getrocknete
Kichererbsen
3 Limonen, Saft
2 Knoblauchzehen, gepresst
140 g Tahine
(Sesamölpaste)
1 Msp. Kreuzkümmelpulver
½ TL Paprikapulver
1 Msp. Zimtpulver
1 Bund glatte Petersilie
4 EL Olivenöl
Salz

Die Erbsen unter fliessendem kaltem Wasser gut durchspülen und über Nacht in kaltem Wasser einweichen. Das Einweichwasser abgiessen und die Erbsen in frischem, leicht gesalzenem Wasser weich kochen.
Die Erbsen in einem Sieb abtropfen lassen, dann zusammen mit dem Saft der Limonen und dem Knoblauch im Mixer oder mit dem Mixstab fein pürieren. Durch ein Sieb streichen und die restlichen Gewürze und Kräuter beigeben. Gut vermengen und dabei nach und nach das Olivenöl darunterrühren. Mit wenig Salz abschmecken.

Würzige Käsecreme

180 g weisser Schafkäse
(Feta)
200 g Joghurt nature
5 Blatt Pfefferminze,
fein gehackt
1 Bund glatte Petersilie,
fein gehackt
3 Knoblauchzehen,
gepresst
½ TL Paprikapulver, scharf
Salz

Den Schafkäse in eine Schüssel bröseln, den Joghurt dazugeben und mit einer Gabel zu einer glatten, geschmeidigen Creme verarbeiten. Die restlichen Zutaten beigeben und mit wenig Salz würzen.

Pittabrot und Dips

Pittabrot, das traditionelle Fladenbrot, wird aus einem kräftigen Roggenmehl, Hefe und viel Wasser zubereitet. Es wird häufig als Vorspeise in kleine Stücke gebrochen und in verschiedene Saucen und Pürees getunkt. Ausgezeichnet eignen sich zum Beispiel eine Käsecreme oder ein Kichererbsenpüree.

Reissalat mit Kräutern und Oliven

220 g Langkornreis
3 EL Olivenöl
2 Zwiebeln, fein gehackt
3 Knoblauchzehen, gepresst
1½ l leichte Fleischbouillon
3 Limonen, Saft
4 EL Olivenöl
80 ml Fleischbouillon
5 Blatt Pfefferminze, fein geschnitten
½ Bund Basilikum, fein geschnitten
½ Bund glatte Petersilie, fein gehackt
½ Bund Schnittlauch, fein geschnitten
2 kleine rote Chilischoten, fein gehackt
4 EL Pinienkerne
Salz
schwarzer Pfeffer aus der Mühle
8 grüne Oliven, entsteint
8 schwarze Oliven, entsteint
1 Salatgurke
1 kleiner Kopfsalat

Die Zwiebeln und den Knoblauch im Olivenöl andünsten, den Reis beigeben und glasig dünsten. Die Fleischbouillon dazugiessen. Aufkochen und zugedeckt auf kleinstem Feuer 20 Minuten garen. Den Reis auf einem Blech ausbreiten und erkalten lassen.

Den Reis in eine Schüssel geben und mit dem Saft der Limonen, dem Olivenöl, der Fleischbouillon, den Kräutern, der gehackten Chilischote und den Pinienkernen gut vermengen. Mit Salz und Pfeffer aus der Mühle würzen. Die Oliven grob hakken, die Gurke in kleine Würfelchen schneiden und unter den Reis mischen.

Den Kopfsalat putzen, auf den Tellern auslegen und den Reissalat darauf anrichten. Mit Basilikumblättchen garnieren.

Fattush – Orientalischer Brotsalat

300 g Fladenbrot
4 EL Olivenöl
3 Tomaten
1 mittlere Salatgurke
1 rote Peperoni (Paprika)
1 Bund Basilikum
1 rote Zwiebel
2 Limonen, Saft
4 Knoblauchzehen, gepresst
Salz, Pfeffer aus der Mühle
1 Kopfsalat

Das Brot in kleine Würfel schneiden und in der Hälfte des Olivenöls rösten. Die Tomaten oben kreuzweise einschneiden und für 15 Sekunden in kochendes Wasser tauchen. Kalt abschrecken, schälen, den Strunk entfernen, vierteln und zusammen mit den Brotwürfelchen in eine Schüssel geben. Die Gurke längs halbieren, die Kerne entfernen und das Fleisch in dünne Streifen schneiden. Die Peperoni halbieren, entkernen und in Streifen schneiden. Den Basilikum in feine Streifen und die Zwiebel in hauchdünne Ringe schneiden.

Alle Salatzutaten zusammen mit dem Saft der Limonen, dem restlichen Olivenöl und den gepressten Knoblauchzehen gut vermengen und mit Salz und Pfeffer aus der Mühle würzen. Den Kopfsalat putzen, die Blätter auf Tellern auslegen und den Brotsalat darauf anrichten.

Falafel – Gebackene Getreidekroketten

220 g Kichererbsen
220 g getrocknete rote Kidneybohnen
3 Knoblauchzehen, gepresst
2 Zwiebeln, fein gehackt
2 Zweige Koriander, fein gehackt
1 Bund glatte Petersilie, fein gehackt
¼ TL Zimtpulver
Salz
schwarzer Pfeffer aus der Mühle
100 ml Sonnenblumenöl

Nusssauce zum Dippen:
100 g Walnüsse
2 Knoblauchzehen, gepresst
4 Blatt Pfefferminze, fein gehackt
½ Zitrone, Saft
100 ml Olivenöl
Salz
schwarzer Pfeffer aus der Mühle

1 kleiner Kopfsalat

Erbsen und Bohnen über Nacht in kaltem Wasser einweichen. Das Einweichwasser abgiessen und Erbsen und Bohnen zusammen mit dem Knoblauch, den Zwiebeln und den Kräutern durch die feinste Scheibe des Fleischwolfs drehen. Zimt beigeben und mit Salz und Pfeffer aus der Mühle pikant würzen. Den Getreideteig mindestens 4 Stunden ruhen lassen.
Den Teig zu walnussgrossen Kugeln formen. Das Öl in einem tiefen Topf erhitzen und die Teigkugeln darin goldgelb ausbacken. Herausheben und auf Haushaltpapier abtropfen lassen.
Für die Sauce die Walnüsse fein mahlen, Knoblauch, Pfefferminze, Zitronensaft und Olivenöl beigeben und zu einer geschmeidigen Sauce verarbeiten. Mit Salz und Pfeffer aus der Mühle würzen.
Den Salat putzen und die Blätter auf Tellern auslegen, die Falafel darauf anrichten und die Saucen dazu servieren.

Gebackene Auberginenscheiben

2 Auberginen
Salz
schwarzer Pfeffer aus der Mühle
2 Knoblauchzehen, gepresst
3 EL Olivenöl
¼ Kopf Friséesalat
1 Bund Basilikum
4 Kirschtomaten, halbiert
8 schwarze und grüne Oliven, entsteint
100 g Joghurt nature

Die Auberginen schräg in Scheiben schneiden, mit Salz und Pfeffer würzen. Zusammen mit dem Knoblauch im Olivenöl auf beiden Seiten anbraten.
Den Salat putzen, in Zweige zupfen. Den Basilikum in Streifen schneiden, mit dem Salat mischen und auf Tellern auslegen. Die Auberginen darauf anrichten und mit den Kirschtomatenhälften und den Oliven garnieren.
Das Joghurt dazu arrangieren und mit Basilikumblättchen garnieren.

SUPPEN

Fata – Lammsuppe

500 g Lammschulterfleisch
1 Zwiebel, fein gehackt
6 Knoblauchzehen, gepresst
3 EL Olivenöl
1½ l Fleischbouillon
50 g Reis, unglasiert
Salz, Pfeffer aus der Mühle
2 Limonen, Saft
½ Bund glatte Petersilie, fein gehackt

Das Lammfleisch in Streifen schneiden. Die Zwiebel und den Knoblauch im Olivenöl andünsten, das Fleisch beigeben und glasig dünsten. Die Bouillon dazugiessen und auf kleinem Feuer 90 Minuten köcheln lassen. Nach etwa 65 Minuten Kochzeit den Reis beigeben und mitkochen lassen. Mit Salz, Pfeffer aus der Mühle und dem Limonensaft würzen, die gehackte Petersilie beifügen. In tiefe Teller anrichten.

Spinat-Joghurt-Suppe mit Koriander

400 g Blattspinat, entstielt
1 Zwiebel, fein gehackt
2 Knoblauchzehen, gepresst
2 EL Olivenöl
60 g Reis, unglasiert
200 ml kräftige Fleischbouillon
150 ml Milch
150 g Joghurt nature
Salz
Pfeffer aus der Mühle

Den Spinat fein hacken. Die Zwiebel und den Knoblauch im Olivenöl andünsten, den Reis beigeben und glasig dünsten. Die Bouillon und die Milch dazugiessen und aufkochen. 20 Minuten köcheln lassen. Das Joghurt darunterrühren und mit Salz und Pfeffer aus der Mühle würzen. In tiefe Teller anrichten und mit glatter Petersilie garnieren.

Grüne-Erbsen-Suppe

150 g grüne Erbsen, getrocknet
1 Zwiebel, fein gehackt
2 Knoblauchzehen, gepresst
½ Lauchstange, fein gehackt
1 mittlere Karotte, fein gehackt
2 EL Olivenöl
1½ l Geflügelbouillon
100 ml Milch
Salz
Pfeffer aus der Mühle
4 EL Joghurt nature

Die Erbsen über Nacht in kaltem Wasser einweichen. Die Zwiebeln, den Lauch, den Knoblauch und die Karottenwürfelchen im Olivenöl andünsten. Die Geflügelbouillon und die Milch dazugiessen. Aufkochen und auf kleinem Feuer 40 Minuten köcheln lassen. Mit Salz und Pfeffer aus der Mühle würzen. Die Suppe in tiefe Teller anrichten, je einen Esslöffel Joghurt daraufgeben und mit einem Pfefferminzblatt garnieren.

HAUPTSPEISEN

Schisch Kebab

800 g Lammrückenfilet
Salz
3 EL Olivenöl

Marinade:
2 Zwiebeln, fein gehackt
2 Knoblauchzehen, gepresst
1 Lorbeerblatt,
fein gehackt
2 Limonen, Saft
100 ml Olivenöl
2 TL Tomatenpüree
1 TL Korianderpulver
½ TL Kardamom
½ TL Zimtpulver

Sämtliche Zutaten für die Marinade in einer Schüssel vermengen. Das Lammfleisch in 25 g schwere Würfel schneiden und für eine halbe Stunde in die Marinade einlegen.
Die Fleischwürfel auf Spiesse stecken, mit Salz würzen und im heissen Olivenöl auf allen Seiten braten.
Zusammen mit einem Brot- oder Gurkensalat servieren.

Lammspiesse mit Joghurt-Pfefferminz-Sauce

600 g Lammrückenfilet
1 Zwiebel
1 Peperoni (Paprika)
2 EL Olivenöl zum Braten

Marinade:
3 EL Olivenöl
2 Limonen, Saft
½ TL Cayennepfeffer
½ TL Ingwer
1 grosse Prise Kardamom
½ TL Korianderpulver

Joghurt-Pfefferminz-Sauce:
150 g Joghurt nature
½ Bund Pfefferminze,
fein gehackt
Salz
weisser Pfeffer aus der Mühle

Für die Marinade die Gewürze zusammen mit dem Olivenöl und dem Saft der Limonen in eine Schüssel geben und glattrühren. Das Lammfleisch in 20–25 g schwere Würfel schneiden und durch die Marinade ziehen. Die Zwiebel und die Peperoni in Würfel schneiden und mit den Fleischwürfeln auf Spiesse stecken. Im Olivenöl braten.
Für die Sauce die Pfefferminze und das Joghurt vermengen und mit wenig Salz und weissem Pfeffer aus der Mühle würzen. Zusammen mit den Spiessen anrichten und mit einem Blatt Pfefferminze garnieren.

Persisches Lamm mit Granatäpfeln und Sauerkirschen

800 g Lammrückenfleisch
Salz, Pfeffer aus der Mühle
3 EL Olivenöl
140 g gelbe Erbsen
500 ml Fleischbouillon
1 Apfel
4 Granatäpfel
400 g Sauerkirschen, entsteint
Salz, Pfeffer aus der Mühle

Das Lammrückenfleisch in 25 g schwere Würfel schneiden, würzen und im Olivenöl auf allen Seiten gut anbraten. Die Erbsen beigeben, gut daruntermischen, dann die Bouillon zugiessen. Aufkochen und zugedeckt im Ofen bei 180 Grad 80 Minuten weich schmoren. (Beim Schmoren auf der Herdplatte ist die Gefahr des Anbrennens grösser.)
Den Apfel schälen, entkernen, in Würfel schneiden und mit den Granatapfelkernen und den Kirschen zum Fleisch geben. Mit Salz und Pfeffer aus der Mühle würzen und weitere 20 Minuten schmoren lassen. Das Lammfleisch zusammen mit einem Pilafreis servieren.

Mit Lammhackfleisch gefüllte Zwiebeln

4 grosse Gemüsezwiebeln
150 g Lammhackfleisch
2 Zwiebeln, fein gehackt
3 Knoblauchzehen, gepresst
3 EL Olivenöl
50 g Mandeln, grob gehackt
50 g Rosinen
3 Zweige Koriander, fein gehackt
1 Bund glatte Petersilie, fein gehackt
1 Ei, verquirlt
3 EL Paniermehl
Salz, Pfeffer aus der Mühle
150 ml Fleischbouillon

Die Gemüsezwiebeln in gesalzenem Wasser 10 Minuten kochen. Aus dem Wasser nehmen, schälen und aushöhlen. Das Zwiebelinnere fein hacken. Für die Füllung die Zwiebeln und den Knoblauch im Olivenöl andünsten. Mandeln, Rosinen, Koriander, Petersilie, das Gemüsezwiebelfleisch und das Hackfleisch beigeben. Das Ei und das Paniermehl darunter mischen und mit Salz und Pfeffer aus der Mühle würzen.
Die Masse in die Gemüsezwiebeln füllen und diese in einen Bräter geben. Die Fleischbouillon dazugiessen und die gefüllten Zwiebeln im auf 180 Grad vorgeheizten Ofen zugedeckt 45 Minuten schmoren.

Gemüse-Couscous

400 g Couscous
1 grüne Peperoni (Paprika)
1 rote Zwiebel, geschält
1 Zucchini
2 Zweige Koriander, fein gehackt
1 Msp. Kreuzkümmelpulver
Salz

Den Couscous in ein Sieb geben und mit Wasser benetzen. Die Peperoni halbieren, entkernen und in Streifen schneiden. Die Zwiebel halbieren, in hauchdünne Streifen und die Zucchini in Scheiben schneiden.
Die Gemüse zusammen mit 150 ml Wasser und 2 Prisen Salz in eine weite Pfanne geben. Aufkochen, das Sieb mit dem Couscous daraufsetzen und zudecken. Gemüse und Couscous 4–5 Minuten garen lassen. Den Couscous immer wieder mit einem Kochlöffel lockern.
Die Gemüse aus dem Kochwasser heben und zusammen mit dem Koriander unter den Couscous mengen. Mit Salz und dem Kreuzkümmel würzen.

Mit Couscous gefüllte Auberginen

4 kleine Auberginen
1 Zucchini
4 Tomaten
6 Okraschoten, gekocht (Konserve)
150 g Couscous
80 g Erbsen, gekocht
2 Knoblauchzehen, gepresst
1 Bund glatte Petersilie, fein gehackt
3 EL Olivenöl
½ TL Korianderpulver
¼ TL Kreuzkümmelpulver
¼ TL Zimtpulver
Salz
50 g Feta, fein gerieben
2 EL Olivenöl
80 ml Fleischbouillon

Die Auberginen quer halbieren und aushöhlen. Das ausgehöhlte Auberginenfleisch ebenso wie die Zucchini in kleine Würfelchen schneiden. Die Tomaten oben kreuzweise einschneiden, den Strunk entfernen. Die Tomaten 15 Sekunden in kochendes Wasser tauchen, aus dem Wasser heben, schälen, halbieren, entkernen und in kleine Würfel schneiden. Die Okraschoten in Würfelchen schneiden.
Den Couscous über Dampf garen und zusammen mit den Gemüsen, dem Knoblauch, den Kräutern, dem Olivenöl und den Gewürzen in eine Schüssel geben. Gut vermengen und mit Salz würzen.
Die Gemüsefüllung in die Auberginen füllen, mit dem Käse bestreuen und mit Olivenöl beträufeln. In eine feuerfeste Form geben, die Bouillon dazugiessen und die Auberginen im auf 180 Grad vorgeheizten Ofen 40 Minuten backen.

Entenbrust mit Baharat-Gewürzen

4 Entenbrüste, à ca. 150 g
Salz

Zucchiniauflauf:
400 g Zuchini
2 Eier
200 ml Sauerrahm
2 Knoblauchzehen, gepresst
Salz, Pfeffer aus der Mühle

Gewürzmischung:
2 TL weisser Pfeffer, gemahlen
1 TL Korianderpulver
1 TL Nelkenpulver
1 TL Kreuzkümmelpulver
½ TL Zimtpulver
½ Muskatnuss, gerieben

3 EL Olivenöl
150 g Sauerkirschen
1 TL Tomatenpüree
100 ml Fleischbouillon

Für den Zucchiniauflauf die Zucchini in dünne Scheiben schneiden. Die Eier verquirlen, den Sauerrahm und den Knoblauch beigeben und vermengen. Mit Salz und Pfeffer aus der Mühle würzen. In eine feuerfeste Form füllen und im auf 180 Grad vorgeheizten Ofen 30 Minuten überbacken.
Die Entenbrüste mit Salz und der Gewürzmischung würzen und im Olivenöl auf beiden Seiten stark anbraten. Die Kirschen und das Tomatenpüree beigeben. Die Bouillon dazugiessen und bei schwacher Hitze gar ziehen lassen. Mit Salz und Pfeffer aus der Mühle würzen.
Die Entenbrüste aufschneiden und mit der Sauce beträufeln. Den Zucchinigratin dazu anrichten.

Persisch marinierte Geflügelschenkel

4 grosse Hühnerschenkel,
ohne Haut
Salz

Marinade:
3 EL Olivenöl
2 Knoblauchzehen, gepresst
1 TL Zimtpulver
1 TL Kardamompulver
4 Zweige Koriander, fein gehackt
1 TL Paprikapulver
2 TL Ingwerpulver
½ TL Safranpulver
1 Limone, Saft
1 TL Chilipulver

2 EL Mehl
2 Eier, verquirlt
50 g Paniermehl
60 g Mandeln,
grob gehackt
3 EL Olivenöl

Sämtliche Zutaten für die Marinade vermengen und die Hühnerschenkel damit einreiben. Mit Salz würzen.
Das Paniermehl und die Mandeln vermengen. Die Hühnerschenkel im Mehl wenden, durchs Ei ziehen und in dem mit den Mandeln gemischten Paniermehl wenden. Im heissen Olivenöl auf allen Seiten goldgelb backen. Zusammen mit einem Pilafreis anrichten.

Eintopf aus Rindfleisch, grünen Erbsen, Okra und Tomaten

600 g Rindfleisch,
von der Schulter
Salz, Pfeffer aus der Mühle
3 EL Olivenöl
1 Fenchel
2 Karotten
¼ Lauchstange
4 Tomaten
2 Zwiebeln, fein gehackt
2 Knoblauchzehen, gepresst
12 Okraschoten,
gekocht (Konserve)
2 TL Paprikapulver
1 TL Cayennepfeffer
1 TL Zimtpulver
2 EL frischer Ingwer,
fein gehackt
800 ml Fleischbouillon
120 g Erbsen

Das Rindfleisch in 20 g schwere Würfel schneiden.
Den Fenchel, die Karotten und den Lauch in feinste Würfelchen schneiden. Die Tomaten oben kreuzweise einschneiden, den Strunk entfernen, die Tomaten für 15 Sekunden in kochendes Wasser tauchen, dann schälen, halbieren, entkernen und in Würfel schneiden.
Das Rindfleisch mit Salz und Pfeffer aus der Mühle würzen und im Olivenöl anbraten. Die Zwiebeln, den Knoblauch und die restlichen Gemüse beifügen und die Bouillon dazugiessen. Zugedeckt bei 180 Grad im Ofen 80 Minuten weich schmoren. Nach 60 Minuten Kochzeit die Erbsen beigeben. Mit Salz abschmecken. Einen Gemüse-Couscous (siehe Seite 31) zubereiten und zusammen mit dem Eintopf anrichten.

Süsser Reis mit Huhn, Pistazien und Orangen

220 g Reis
20 g Butter
1 Zwiebel, fein gehackt
½ TL Safranpulver
50 g Mandeln, geschält
50 g Pistazien, geschält
800 ml Geflügelbouillon
5 Poulardenbrüste,
in Würfel geschnitten
3 EL Zucker
2 Orangen,
feingeriebene Schale und Saft
Salz, Pfeffer aus der Mühle
50 g Butter, flüssig

Den Reis am Vorabend in kaltem Wasser einweichen. Das Einweichwasser abgiessen.
Die Zwiebel in der Butter andünsten, Reis, Safran, Mandeln und Pistazien beigeben, mit der Bouillon ablöschen und zugedeckt bei 180 Grad im Ofen 10 Minuten garen. (Beim Schmoren auf dem Herd ist die Gefahr des Anbrennens grösser.)
Den Reis und die Hühnerwürfel lagenweise in einen zweiten Topf füllen und weitere 10 Minuten schmoren lassen. Den Zucker und die feingeriebene Schale der Orangen beigeben und mit Salz und Pfeffer aus der Mühle pikant würzen. Die flüssige Butter und den Orangensaft darunterziehen und anrichten.

Gefüllte Weinblätter in Bouillon

16 Weinblätter, gekocht (Konserve)
2 Knoblauchzehen, gepresst
2 Zwiebeln, fein gehackt
2 EL Olivenöl
180 g Reis, gekocht
120 g Lammhackfleisch
1 Zitrone, Saft
4 EL Pinienkerne
¼ TL Zimtpulver
Salz, Pfeffer aus der Mühle

Sud:
150 ml Fleischbouillon
2 EL Olivenöl
2 Zwiebeln, fein gehackt
2 Knoblauchzehen, gepresst
12 grüne Oliven, entsteint, grob gehackt

Für die Füllung die Zwiebeln und den Knoblauch im Olivenöl goldgelb andünsten. Den Reis, das Hackfleisch, den Saft der Zitrone, die Pinienkerne und den Zimt beigeben. Gut vermengen und mit Salz und Pfeffer aus der Mühle würzen.
Die Weinblätter auf einem Küchentuch auslegen. Jeweils etwas Füllung in die Mitte geben und einrollen.
Für den Sud die Zwiebeln, den Knoblauch und die Oliven im Olivenöl andünsten und die Bouillon dazugiessen. Die gefüllten Weinblätter in eine feuerfeste Form legen, mit der Bouillon übergiessen und im auf 180 Grad vorgeheizten Ofen 30 Minuten zugedeckt schmoren. In tiefe Teller anrichten und mit glatter Petersilie garnieren.

Riesencrevetten mit Okra

16 Riesencrevetten, ohne Schale und Darm
4 Knoblauchzehen
3 EL Olivenöl
20 Okraschoten, gekocht, Konserve
½ glatte Petersilie, fein gehackt

200 g Burgul (Weizenschrot)
2 Zwiebeln, fein gehackt
2 Knoblauchzehen, gepresst
2 EL Olivenöl
600 ml Fleischbouillon
1 EL Tomatenpüree
1 TL Paprikapulver
2 scharfe Chilischoten, fein gehackt
Salz

Für den Burgul Zwiebeln und Knoblauch im Olivenöl andünsten. Den Burgul beigeben und kurz mitdünsten. Die Bouillon, Tomatenpüree, Paprika und Chilischoten beifügen und 15 Minuten zugedeckt kochen. Mit Salz abschmecken.
Den Knoblauch schälen und in feine Scheiben schneiden. Die Riesencrevetten zusammenmit dem Knoblauch im heissen Olivenöl anbraten. Die Okras, gut abgetropft, beigeben und kurz mitdünsten, die gehackte Petersilie daruntermischen. Die Pfanne vom Herd nehmen und die Riesencrevetten bei schwacher Hitze gar ziehen lassen. Mit Salz und Pfeffer aus der Mühle würzen, mit dem Burgul servieren.

Meerbarschfilets mit Kichererbsen

8 Meerbarschfilets, à ca. 60 g
Salz
3 EL Olivenöl

200 g Kichererbsen
½ Lauchstange
1 Zwiebel, fein gehackt
3 Knoblauchzehen, gepresst
3 EL Olivenöl
2 Limonen, Saft
100 ml Fleischbouillon
Salz, Pfeffer aus der Mühle

6 Kartoffeln,
in der Schale gekocht
1 TL grob zerdrückter schwarzer Pfeffer
3 EL Olivenöl
3 Zweige Koriander,
fein gehackt

Die Kichererbsen am Vorabend in kaltem Wasser einweichen. Das Einweichwasser abschütten und die Kichererbsen in gesalzenem Wasser weich kochen. Den Lauch in kleinste Würfelchen schneiden und zusammen mit der Zwiebel und dem Knoblauch im Olivenöl andünsten. Die Kichererbsen beigeben. Den Saft der Limonen und die Bouillon dazugiessen und mit Salz und Pfeffer aus der Mühle würzen.
Die Fischfilets mit Salz würzen und im Olivenöl auf beiden Seiten stark anbraten, vom Herd ziehen, die Kichererbsen beigeben und den Fisch bei schwacher Hitze gar ziehen lassen.
Die Kartoffeln schälen, in Scheiben schneiden und zusammen mit dem Pfeffer im Olivenöl goldgelb braten. Den gehackten Koriander beigeben und zusammen mit dem Fisch und den Kichererbsen anrichten.

Riesencrevetten mit Safran-Pilaf

16 Riesencrevetten,
ohne Schale und Darm
4 EL Olivenöl
6 grüne Oliven, entsteint,
grob gehackt
6 schwarze Oliven, entsteint,
grob gehackt
Salz, Pfeffer aus der Mühle

Safran-Pilafreis:
3 EL Olivenöl
1 Zwiebel, fein gehackt
200 g Reis
600 ml Fleischbouillon
½ TL Safranpulver
60 g Pinienkerne
80 g Rosinen
40 g Butter
Salz

Für den Pilaf die Zwiebel im Olivenöl andünsten, den Reis beigeben und glasig dünsten. Die Fleischbouillon dazugiessen, Safran beigeben und zugedeckt auf kleiner Flamme oder im auf 180 Grad vorgeheizten Ofen 18–20 Minuten garen.
Den Reis lockern, die Pinienkerne und die Rosinen beigeben, die Butter darunterziehen und mit Salz würzen.
Die Riesencrevetten in einem Drittel des Olivenöls andünsten, die Oliven beigeben und die Riesencrevetten gar ziehen lassen, bis die Crevettenschwänze rot sind. Das restliche Olivenöl beigeben und mit Salz und Pfeffer würzen. Die Riesencrevetten mit dem Pilafreis anrichten.

Schwertfisch-spiesse mit Peperoni

600 g Schwertfischfilet,
ohne Haut und Gräten
2 rote Zwiebeln
2 grüne Peperoni (Paprika)
1 Aubergine
Salz, Pfeffer aus der Mühle
3 EL Olivenöl
2 Limonen, halbiert

Linsensalat:
200 g braune Linsen
1 Zwiebel, fein gehackt
2 Knoblauchzehen, gepresst
4 Zweige frischer Koriander,
fein gehackt
¼ TL Kreuzkümmelpulver
2 Limonen, Saft
4 EL Olivenöl

Für den Salat die Linsen in leicht gesalzenem Wasser weich kochen. Kalt abschrecken und in eine Schüssel geben. Zwiebel, Knoblauch, Koriander und Kreuzkümmelpulver beigeben. Den Saft der Limonen und das Olivenöl dazugeben, gut vermengen und mit Salz und Pfeffer aus der Mühle würzen.
Den Schwertfisch in 25 Gramm schwere Würfel schneiden. Die Zwiebeln halbieren. Die Peperoni ebenfalls halbieren, entkernen und in Würfel schneiden. Die Aubergine in Scheiben schneiden. Zwiebeln, Peperoni, Auberginen und die Schwertfischwürfel auf Spiesse stecken und mit Salz und Pfeffer aus der Mühle würzen.
Die Spiesse im Olivenöl auf allen Seiten anbraten und mit dem Linsensalat anrichten. Die Limonenhälften dazulegen.

Barsch mit Kräutern, Pinienkernen und Rosinen

8 kleine Kartoffeln
600 g Barschfilets,
ohne Haut und Gräten
Salz
weisser Pfeffer aus der Mühle
3 EL Olivenöl
60 g Pinienkerne
60 g Rosinen
1 Bund glatte Petersilie,
fein gehackt
½ Bund Kerbel, fein gehackt
2 Limonen, Saft
80 ml starke Fleischbouillon

Die Kartoffeln schälen, halbieren und in gesalzenem Wasser weich kochen.
Die Fischfilets mit Salz und Pfeffer würzen und im Olivenöl auf beiden Seiten anbraten. Die Pinienkerne, Rosinen, Kräuter und den Saft der Limonen beigeben und vorsichtig mischen. Die Bouillon dazugiessen und aufkochen.
Die Fischfilets anrichten, mit dem Kräutersud übergiessen und die Kartoffeln dazu arrangieren.

DESSERTS UND SÜSSSPEISEN

Orangen-Mandel-Kuchen

für eine Form von 24 cm
Durchmesser

120 g Blätterteig
Butter und Mehl für die Form

Füllung:
150 g Bitterorangenkonfitüre
4 Eier, verquirlt
200 g Mandeln, gemahlen
1 TL Backpulver
180 g Zucker
100 ml Rahm

12 Mandelkerne, geschält
Puderzucker zum Bestäuben

Den Blätterteig 1½ mm dünn auswallen, die Form mit Butter ausstreichen, mit Mehl bestäuben und mit dem Teig auslegen. Den überlappenden Rand abschneiden. Den Boden einstechen.
Für die Füllung sämtliche Zutaten vermengen und in die Form füllen. Im auf 180 Grad vorgeheizten Ofen 40–45 Minuten backen. Aus dem Ofen nehmen, erkalten lassen, mit Mandeln garnieren und mit Puderzucker bestäuben.

Gefüllte Äpfel in Honigsauce

4 Äpfel
50 g Butter
100 g Honig
100 g Mandeln, gemahlen
4 EL Rosinen
100 ml Milch
1–2 EL Pinienkerne, geröstet

Die Äpfel schälen und das Kerngehäuse ausstechen.
Für die Füllung die Butter mit der Hälfte des Honigs schaumig rühren, die Mandeln und Rosinen beigeben. Die Masse in die Äpfel füllen und diese in eine Gratinschale stellen.
Den restlichen Honig mit der Milch verrühren und über die Äpfel giessen. Im auf 180 Grad vorgeheizten Ofen 25–30 Minuten backen. Während des Backens öfter mit der Honigmilch begiessen. Aus dem Ofen nehmen, anrichten, mit der Honigmilch beträufeln und mit einigen Pinienkernen und Pfefferminzblättchen garnieren.

Pflaumenkompott mit Mandeln

800 g Pflaumen
120 g Zucker
2 Gewürznelken
80 g Honig
1 TL Zimtpulver
¼ TL Anispulver
4 EL Joghurt nature
180 g Mandeln, geschält
2 EL Pistazien, geschält

Die Pflaumen halbieren, entsteinen und klein schneiden. Den Zucker hellbraun karamelisieren, die Pflaumen beigeben und gut daruntermischen.
100 ml Wasser sowie die Gewürznelken beigeben und die Pflaumen zu einem Brei kochen. Honig, Zimt und Anis beigeben und verrühren. Erkalten lassen und in Schalen füllen. Je einen Esslöffel Joghurt daraufgeben und mit Mandeln, Pistazien und Pfefferminzblättchen garnieren.

Allahs Auflauf mit Kokos, Nüssen und Honig

200 ml Milch
100 g Kokosnuss, geraspelt
1 TL Zimtpulver
4 EL Honig
60 g Mandeln, gemahlen
60 g Haselnüsse, gemahlen
100 g Rosinen
150 ml Rahm
2 Eier, verquirlt
4 EL Zucker

Die Milch aufkochen, die Kokosraspel beigeben und 10 Minuten köcheln lassen. Zimt, Honig, Mandeln, Haselnüsse und Rosinen beigeben.
Erkalten lassen, dann den Rahm und die verquirlten Eier beigeben. Gut vermengen und in gebutterte Förmchen füllen, mit dem Zucker bestreuen und im auf 180 Grad vorgeheizten Ofen 15 Minuten überbacken. Aus den Förmchen lösen und anrichten.

Baklava – Persisches Mandelgebäck

100 g Butter
100 g Zucker
140 g Mandeln, fein gemahlen
1 Prise Salz
3 EL Rosenwasser
3 EL Mehl

Die Butter schmelzen und den Zucker beigeben. Solange rühren, bis sich der Zucker aufgelöst hat. Die Mandeln und die Prise Salz beigeben und gut mischen. Das Rosenwasser beifügen, verrühren und nach und nach das Mehl darüberstäuben und vermengen.
Die Masse ½ cm hoch auf ein mit einem gefetteten Papier belegtes Backblech streichen und im auf 160 Grad vorgeheizten Ofen 10–20 Minuten backen. Aus dem Ofen nehmen und in 1 cm breite Rauten schneiden.

Mandelpudding mit Aprikosen

2 Eier
80 g Zucker
3 Eigelb
300 ml Milch
200 ml Rahm
6 Tropfen Mandelessenz

Aprikosenkompott:
300 g Aprikosen
80 g Zucker
3 EL Wasser
3 EL Rosinen

Für den Pudding Eier, Zucker und Eigelb schaumig rühren. Die Milch, den Rahm und die Mandelessenz dazugeben und gut verrühren. Förmchen mit Butter ausstreichen, die Masse einfüllen und im Wasserbad im Ofen bei 160 Grad 45 Minuten garen. Erkalten lassen.
Für das Kompott die Aprikosen halbieren, entsteinen und kleinschneiden. Zusammen mit Wasser und Zucker aufkochen und zu einem Brei kochen. Die Rosinen beigeben.
Den Mandelpudding aus den Förmchen lösen und mit dem Aprikosenkompott anrichten.

Orangensalat mit Datteln und Nüssen

10 Orangen
10 frische Datteln
2 EL Pistazien, geschält und grob gehackt
2 EL Pinienkerne
ca. 8 Walnusskerne (40 g), geviertelt
1 EL Zucker
¼ TL Zimtpulver

Die Orangen schälen und in Scheiben schneiden.
Die Datteln halbieren, entsteinen und nochmals längs halbieren. Zusammen mit den Pistazien, den Pinienkernen und Walnüssen, dem Zucker und dem Zimtpulver zu den Orangen geben und gut vermengen.

Nuss-Blätterteigpastete

400 g Blätterteig
150 g Butter
80 g Mandeln, gemahlen
80 g Haselnüsse, gemahlen
80 g Pinienkerne, grob gehackt
50 g Pistazien
4 EL Honig
1 TL Zimtpulver
1 Ei

170 g Zucker
2 Limonen, Saft

Für die Nussmasse 120 g Butter in einer Pfanne schmelzen und in eine Schüssel geben. Nüsse, Honig, Zimt und Ei dazugeben und gut vermengen.
Die restliche Butter in einer kleinen Pfanne schmelzen und erkalten lassen.

Den Blätterteig 1½ mm dünn auswallen und in Quadrate von 20x20 cm schneiden. Ein Backblech mit Butter bestreichen und ein Blätterteigquadrat darauflegen. Mit Butter bestreichen und einen Drittel der Nussmasse gleichmässig darauf verteilen. Eine weitere Lage Blätterteig darauflegen und den Vorgang wiederholen, bis die Nussmasse aufgebraucht ist.
Mit Blätterteig abdecken und diesen mit Wasser bepinseln. Im auf 200 Grad vorgeheizten Ofen 8–10 Minuten goldgelb backen.
200 ml Wasser und den Zucker in eine Pfanne geben und zu einem dickflüssigen Sirup einkochen. Den Sirup langsam über das Gebäck träufeln, bis alles davon aufgesogen ist. In kleine Quadrate (2 x 2 cm) schneiden.

Salat aus getrockneten Früchten

200 g getrocknete Aprikosen
100 g getrocknete Birnen
200 g getrocknete Pflaumen
100 g getrocknete Äpfel
100 g Rosinen
50 g Pinienkerne
50 g Pistazien

150 g Zucker
120 ml Wasser
2 TL Orangenwasser
1 TL Rosenwasser
2 Orangen, Saft

Die Früchte entsteinen, in Streifen schneiden und in eine Schüssel geben. Die Nüsse und die Rosinen beigeben.
Den Zucker und das Wasser aufkochen und erkalten lassen. Orangenwasser, Rosenwasser und den Saft der Orangen beigeben und zu den Früchten giessen. Gut vermengen und eine Stunde ziehen lassen.

Karkademousse mit Orangen

Mousse:
4 Blatt Gelatine, eingeweicht
200 ml starker Hibiskusblütentee (Karkade)
120 g Zucker
50 ml Rahm, flüssig
150 ml Rahm, geschlagen

3 Orangen
8 Datteln
2½ EL Zucker
3 EL Wasser
2 EL Pinienkerne
2 EL Pistazienkerne, grob gehackt

Die Gelatine ausdrücken und zusammen mit wenig Wasser schmelzen. Den Zucker im Tee auflösen, den flüssigen Rahm und die Gelatine dazugeben und erkalten lassen. Den geschlagenen Rahm darunterheben, die Masse in eine Schüssel füllen und fest werden lassen.
Die Orangen schälen, die Fruchtfilets auslösen. Die Datteln in Streifen schneiden. Beides mit Zucker, Wasser, den Pinienkernen und Pistazien mischen und auf Tellern anrichten.
Mit einem in heisses Wasser getauchten Löffel Nocken aus dem Mousse ausstechen und auf der Orangen-Dattel-Mischung anrichten.

PRODUKTE-LEXIKON

Baharat: In Ägypten und den Ländern um den Persischen Golf verbreitete scharfe Gewürzmischung aus Pfeffer, Koriander, Gewürznelken, Kreuzkümmel, Kardamom, Zimt und Muskatnuss.

Bulghur/Burgul: Weizenschrot aus gekochtem, getrocknetem und dann gemahlenem Weizen. Wird besonders im östlichen Mittelmeerraum und im Mittleren Osten gebacken, gekocht als Pilaf oder auch eingeweicht roh als Salat gegessen.

Chili: Die kleinen, länglichen, roten oder grünen Pfefferschoten sind das schärfste Gewürz in der Küche. Sie sind frisch und getrocknet, grob zerkleinert oder fein gemahlen im Handel.

Couscous: Traditionelle Spezialität aus dem nordafrikanischen Raum bis hin zum Libanon, zubereitet aus feinem Weizengriess, der über Dampf gegart und als Beilage zu Fisch, Fleisch und Geflügel oder in süssen Variationen gegessen wird.

Datteln: Frucht der vor allem auf der arabischen Halbinsel heimischen Dattelpalme. Von rotbrauner bis brauner Farbe, mit hohem Zuckergehalt und leichtem Honigaroma. Sie werden frisch oder getrocknet angeboten.

Feta: Pikanter, besonders in der griechischen und türkischen Küche, aber auch im Vorderen Orient verwendeter Weichkäse aus Schaf-, Ziegen- und Kuhmilch.

Granatapfel: Ursprünglich vermutlich aus Persien stammend, heute in vielen tropischen und subtropischen Gebieten heimisch, zählt der Granatapfel zu den ältesten Früchten überhaupt. Er hat eine dünne, harte, orange-rötliche Schale und im Inneren sehr saftige, wohlschmeckende Kerne. Aus dem Saft wird Grenadine-Sirup hergestellt.

Hibiskusblütentee (Karkade): Aus den Blüten einer in warmen Gebieten heimischen Eibischart gewonnener roter, herb-fruchtiger Tee. Er enthält kein Tannin.

Kardamom: Sehr aromatische Schoten und Samen eines Ingwergewächses aus dem vorderasiatischen Raum. Eines der Hauptgewürze für Curry.

Kaviar: Mit Salz konservierter Rogen (Fischeier) verschiedener Störarten aus dem Kaspischen und zum Teil auch dem Schwarzen Meer. Es werden verschiedene Arten angeboten, jeweils nach dem gleichnamigen Fisch benannt: Beluga-Kaviar, grosskörnig, grau bis schwarz, mit besonders zarter Haut; Sevruga-Kaviar, kleinstkörnig, hell- bis dunkelgrau, aromatisch; Osietra-Kaviar, mittelgrosse Körner mit harter Schale und nussigem Geschmack; Malossol ist die Bezeichnung für einen milden, wenig gesalzenen Kaviar.
Alternativen sind der rötliche Lachsrogen (auch Keta-Kaviar genannt), der ebenfalls rötliche Forellen-Kaviar und roter oder schwarzer Seehasenrogen.

Kichererbsen: Hülsenfrucht aus Ostasien und dem Mittelmeerraum, je nach Sorte von beiger bis goldgelber oder dunkelbrauner Farbe. Sie sind eines der Hauptnahrungsmittel der orientalischen Küche. Sie werden zum Knabbern ganz geröstet oder mit Zwiebeln, Limonensaft und Gewürzen mariniert, zu Mehl gemahlen oder püriert für beliebte Speisen wie Hummus, eine pikante Sauce, oder Falafel, in Fett gebackene Kroketten, verwendet.

Koriander: Verwendet werden die frischen Blätter und die getrockneten ganzen oder gemahlenen Samen. Das Kraut hat einen frischen, scharf-würzigen Geschmack. Koriander ist eine wichtige Zutat für Curry.

Kreuzkümmel: Ein in der gesamten orientalischen Küche verbreitetes, sehr geschmacksintensives Gewürz. Die Samen werden ganz oder gemahlen für Couscous-, Hackfleisch- und Gemüsegerichte verwendet und sind auch eine der Hauptzutaten von Currypulver.

Limone/Limette: Aus Ostasien stammende Zitrusfrucht mit dünner, grüner bis grüngelber Schale. Ihr Fleisch ist saftiger als das der Zitrone, sehr aromatisch und meist kernlos.

Mezze: Bezeichnung der reichhaltigen Vorspeisenplatte in der orientalischen Küche.

Okraschoten: Fingerdicke und -lange, von einem feinen Flaum bedeckte Schoten der Rosenpappel, einer in Afrika, im tropischen Asien, im Balkan- und Mittelmeerraum beheimateten Eibischart. Sie werden frisch, als Konserve oder getrocknet angeboten.

Oliven: Frucht des schon seit der Pharaonenzeit vor allem im Mittelmeerraum und im Vorderen Orient beheimateten Ölbaums. Es gibt verschiedene Sorten, die neben der Gewinnung von Olivenöl auch eingelegt als Beilage oder als Würzzutat zum Kochen dienen.

Pinienkerne: Aus der heutigen Türkei stammende, jetzt im ganzen Mittelmeerraum verbreitete Samen einer Kiefernart. Sie schmecken süsslich, mandelartig.

Pistazien: Fruchtkerne der Pistazie, eines vom Mittleren Osten bis Zentralasien heimischen Baumes. Sie werden gesalzen oder für Süssspeisen verwendet.

Pitta: Fladenbrot aus dem arabischen Raum.

Rosenwasser: Bei der Herstellung von Rosenöl gewonnenes Extrakt, das in der orientalischen Küche für Süssspeisen und Gebäck verwendet wird.

Safran: Die getrockneten, aromatischen Blütenfäden einer bestimmten Krokusart, eines der teuersten Gewürze der Welt. Eines der Hauptanbaugebiete von Safran ist der Iran.

Sesam: Fast überall in den Tropen und Subtropen kultiviertes Gewürzkraut mit ölhaltigen Kapselfrüchten, aus denen das Sesamöl und die im Mittleren Osten beliebte Würzpaste Tahine gewonnen werden.

Stör: Vor allem im Kaspischen und im Schwarzen Meer heimischer Süsswasser- und Wanderfisch, der vor allem für seinen zu Kaviar verarbeiteten Rogen bekannt ist, aber auch ein sehr gutes Fleisch hat. Im Nahen Osten frisch, getrocknet und geräuchert verwendet.

Tahine: Im Mittleren Osten beliebte Würzpaste aus zerstampften Sesamkörnern.

Weinblätter: Im Nahen Osten und im Mittelmeerraum viel verwendet, vor allem als Hülle für Fleisch- und Reisfüllungen. Frische Weinblätter werden vor der Verwendung kurz in kochendes Salzwasser getaucht. Im Handel sind Weinblätter, in Salzlake eingelegt, als Konserve erhältlich.

REZEPTVERZEICHNIS

Vorspeisen

Suppen

Hauptspeisen

Desserts und Süssspeisen

Von Peter Bührer sind bisher im AT Verlag erschienen:

Schokoladenträume

96 Seiten, 24 Farbfotos

66 süsse Versuchungen aus cremiger brauner, weisser und zartbitterer schwarzer Schokolade, aus Pralinen und Trüffeln, mit Nüssen, Früchten und feinen Saucen. Bestechend schöne Bilder verführen zum Ausprobieren und Geniessen. Das erste umfassende Schokoladendessert-Buch in deutscher Sprache.

Grillkochbuch

84 Seiten, 27 Farbfotos

Die ganze Fülle verführerischer Köstlichkeiten vom Grill in über 150 Rezepten! Neben traditionellen Spezialitäten und neuen Kreationen verrät das Buch die besten Rezepte für würzige Marinaden, raffinierte Saucen und Glasuren und zeigt, dass auch Früchte und Gemüse auf dem Grill ungeahnte Qualitäten entfalten ...
Mit praktischer Einführung zum Grillen.

Die neue Küche – jung und kreativ

128 Seiten, 36 Farbfotos

Jung, beschwingt, unkonventionell – so präsentiert sich die neue Jahreszeitenküche. Aussergewöhnlich gestaltete Farbfotos und begleitende Künstlerillustrationen geben dem Buch ein besonderes Gepräge und machen es zu einem exklusiven Geschenk für alle Gourmets und Liebhaber der erlesenen Küche.